AF224405

NOTICE HISTORIQUE

SUR

TIROUVALLOUVER

PAR

J. B. ADAM

JUGE DE PAIX.

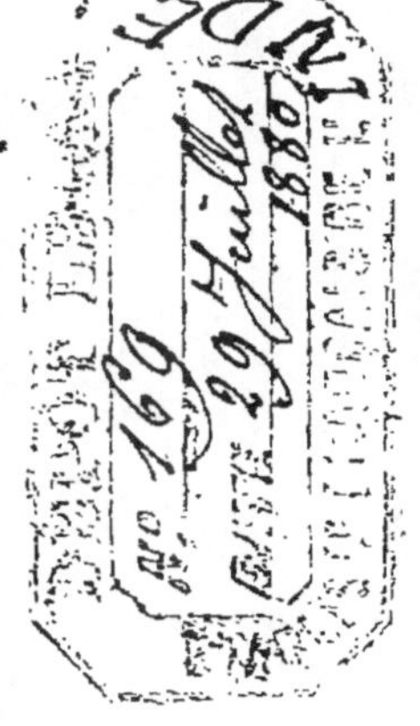

KARIKAL

Imprimerie de Cassim Mougaidincravouttar,

1879

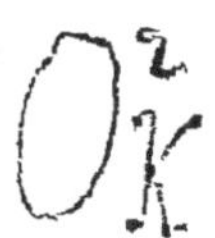

A Monsieur F. HAAZ,
Chef du service à Karikal.

HOMMAGE

*de mon respectueux dévouement
et de ma profonde reconnaissance.*

NOTICE HISTORIQUE

sur

TIROUVALLOUVER.

Lorsque le grand Siva, suivi de Parvadi, dans la salle de son trône, sur le mont *Kailâyaguiry* dont la magnificence est si grande, daignait présider l'assemblée céleste, Brâmana et les trente trois mille myriades de dieux, les quarante huit mille Mounis, les *Kinnarars*, les *Guimbouroudars*, les *Garoudars*, les *Gandarouvars*, les *Sittars*, les *Vittiadarars*, et autres, l'entouraient avec vénération. Alors, Dêvi (Parvadi) sa femme s'étant levée et après l'avoir adoré " (Seigneur, demanda-t-elle, y a-t-il dans le triple " monde, quelqu'un qui, par sa conduite et sans faillir dans la vertu domestique (Illaram) ait atteint " le but suprême, (le ciel) " ? Le Seigneur daigna répondre ce qui suit.

O Ouma, il y a cinq personnes dans le monde divin, savoir :

Vasichter , Agastiar , Ayane , Bouyangane et

Sambou et dans le monde terrestre , *Tirouvallouvar* seul existe. Ceux-là , vivant avec des épouses vertueuses et chastes et observant rigoureusement les devoirs envers les mânes et envers les dieux , ont exercé l'hospitalité, la protection de la famille , le culte dû à la vâche et toutes autres bonnes oeuvres et ont obtenu le gadi (le ciel). En ce moment , se ferma la bouche divine·

Pârvadi , lui demanda alors, quel est ce *Tirouvallouvar* du monde terrestre ?

Il y eût autrefois un déluge, reprit Siva. Bramah qui le prévoyait , voulut s'en préserver. A cet effet, il prit une figure étrangère , s'enferma dans une calebasse et flotta sur les ondes. A cette vue , nous , fesant semblant d'ignorer , nous demandâmes " quel était celui qui s'y trouvait " Vallouvar répondit-il , celui qui prédit l'avenir.— " -Comment avez-vous échappé à ce déluge ? — Sachant que nous étions le Seigneur et joyeux , " O grand Siva , dit-il , j'ai " échappé par votre divine grâce ; cependant daignez " dissipper cette inondation " Telle fût sa prière. Je lui accordai cette faveur et par lui je créai comme jadis le monde. Je vais expliquer les circonstances de la naissance sur la terre d'un si grand personnage

Dans les premiers temps, sur cette terre, dans le pays des *Pândis*, les savants de l'école de la grande ville de Madouré m'ayant méprisé, je fis naître sur la terre Tirouvallouvar (incarnation de Bramah), le grand Vichenou et Sarasvadi, afin de rabaisser leur orgueil. Parmi eux, le grand Vichenou, naquit sous la forme d'*Idaikadar*. Ecoute la généalogie de Sarasvadi et de Tirouvallouvar.

Au commencement *Kassibar*, un des neuf Bramahs, fils de Bramah, s'unit à *Oûrvassi* et engendra *Vasischter*. Celui-ci s'unit à *Aroundadîe* et engendra *Sattiar*. Celui-ci s'unit à une *Poulaissi* de *Pounganour* et engendra *Parassar*. Celui-ci s'unit à *Matchagandi* et engendra *Viassar*. Tous quatre furent versés dans les vêdas.

Ensuite Bramah pensant qu'il fallait encore par quelques fils illustrer la langue du nord et celle du sud, fit un sacrifice suivant le rite du véda. *Kaleymagal* sortit du vase employé à ce sacrifice. Bramah l'épousa. Ensuite, *Agastiar*, sous une forme excentrique, sortit de ce vase. Il s'unit à la fille de l'Océan et engendra le grand *Sagara* qui épousa une Poulaissi de *Tirouvarour*. Celui-ci engendra *Bagavan* et lui enseigna toutes les sciences. A cette époque , un certain *Tavamouni* , de la race des Bramâhs , marié à une femme de la classe bramahne du nom d'*Aroumangué* , avait eu une fille et après l'avoir exposé , s'était retirée pour faire pénitence , sur le mont *Viraly*. Un vil paréa *d'Ouréour* ayant trouvé cette enfant , l'éleva pendant quelques temps. Une pluie de sable dont on ignore la cause , tomba sur ce village et fit périr tous les habitants à l'exception de la jeune fille. Par suite , elle fut élevée dans *l'agrarom* de *Mélour*, lieu voisin , dans la maison de *Nédiayen*.

Alors Bagavane , versé dans toutes les sciences , respecté par ceux qui le rencontraient et vivant sans faillir aux devoirs du brame , allait plein de ferveur faire un pélérinage à Bénarés , et descendit dans une chauderie voisine du dit Agraram , où , après avoir accompli ses devoirs journaliers (*nittiacarmam*) se mit à préparer son repas. La jeune fille vint en cet endroit. A sa vue " Qui es-tu , demanda-t-il ? Une *poulaissi* ? une *valaissi* — Pourquoi es-tu venu ici ? De rage et de colère , il l'injuria , la frappa avec un instrument de cuisine sur la tête , de manière à faire saigner et la chassa. Celle-ci se retira en pleurant à sa demeure.

Ensuite Bagavane., après son bain et après avoir pris son repas , se mit à la hâte en route. Il se rendit en quelques jours à Bénarès où il se baigna dans le Gangâ. Lorsqu'il revint , portant de l'eau de ce confluent sacré, il descendit dans la même chauderie. La sus dite jeune fille , belle comme la grande *Latchoumi* et qui avait atteint l'âge de nubilité s'y présenta. Bagavane , à la vue de sa beauté et de ses charmes , fut épris d'amour pour elle. *Nidiayen* le maitre de la chauderie , ayant connu cette impression , recommanda au voyageur de se marier avec sa fille et de rester avec lni .— « Je le ferai ainsi , répondit Bagavane , à mon retour de Ramâssaram , après y avoir accompli mon voeu avec l'eau (*Kavadi*) que je porte " Ayant pris congé de lui , il fit ses ablutions à *Ramalingom* et revint. Alors Nidiayen fit les préparatifs du mariage, et célébra , avec ses parents , les cérémonies de quatre jours ; le cinquième jour lorsqu'il faisait prendre aux époux le bain propitiatoire , Bagavane pour verser de l'huile sur la tête de cette fille , lui écarta les cheveux. Il

remarqua alors la cicatrice du coup dont il l'avait précédemment frappée, hésita un moment, s'enquit de son origine et avec tristesse il lui dit : " N'es-tu pas celle d'auparavant ? Il la laissa et s'enfuit. Voilà pourquoi Adi (première) fût le nom de cette femme. Bagavane en s'enfuyant ainsi, et comme il faisait nuit, il s'arrêta à une chauderie située sur sa route dans un village de *Bânars* (poêtes). Adi elle-même l'ayant poursuivi, le retrouva et lui dit avec une profonde affection : " C'est par la volonté
" divine que cela nous est arrivé à vous et à moi.
" M'abandonner, est-il digne de vous ou est ce juste?
" Si je vous quitte, je ne vivrai plus." En reconnais-
" sant qu'elle disait vrai, Femme, répondit-il, si tu
" as réellement de l'amour pour moi, tu obéiras à ce
" que je te dirai ; dans quelque endroit qu'il te naisse
" en me suivant, des enfants, si tu consens à les y
" abandonner à l'instant même, je promets de vivre
" avec toi. " Comme elle avait accepté cette condition, ils cohabitèrent tous deux, cette même nuit dans la chauderie.

AOUVEYE.

Alors naquit d'après l'ordre du grand Siva, Sarasvady sous la figure d'Auveye , célébrée par tous. Lorsque la mère s'éloignait, inquiète, se demandant qui protègerait cette enfant , celle-ci chanta :

Venebâ.

Siva , qui avec bonté , a gravé lui-même sur ma " *tête , qu'il serait ainsi , est-il donc mort ? Quelle* " *que soit ma détresse, est-ce une charge pour lui* " *Mère, ne crains donc pas , toi , dans ton coeur.*"

Ayant écouté ce langage , Adi satisfaite s'en alla Ensuite des poetes qui habitaient le village prirent cette enfant et l'élevèrent ; mais comme c'était Saras vadi , elle apprit naturellement tous les Kalais (arts) chanta sur Canabady, un agavalo intitulé *Sidarkalaba* et , en l'adorant , composa pour le bien du monde les ouvrages *Attisoudi , Kondreyvenden , Moûdourei , Nalvaji , Gnanakoural , Asadikovei , Nannoutkovei, Nanmañikovei , Bandanandadi Arountamijmalei, Darisanapattou* et autres ouvrages, chanta différents poemes snr divers sujets et fit de nombreux miracles de tout genre. Quand elle eût tout fini , un jour elle rendit à la hâte son culte à Canabady ; celui-ci lui ayant demandé pourquoi, contre ses habitudes , elle faisait cela " Seigneur , répondit-elle , *Soundira-mourty et Seramanpéroumal* vont à Kailaya et ils m'ont appelé aussi. " Je t'y conduirai avant eux , reprit Canabady ; termine selon l'usage ton adoration. Elle termina , d'après les règles , la cérémonie , et aussitôt elle fût enlevée par le trompe de Canabady et laissée à Cailaya. Les deux sages qui s'y rendirent après elle , furent surpris d'y trouver Aouveye , la première arrivée.

(Ouppei)

Cependant les deux personnes qui étaient parties arrivèrent au pays de Tondey , s'arrêtèrent au couvent qui se trouvait dans la ville d'Outtoucadou et y cohabitèrent. Alors naquit Ouppei. Au moment ou la mère s'éloignait inquiète se demandant qui protègerait l'enfant délaissée : cette enfant parla ainsi.

[Veneba.]

" *Le Siva (Arane, qui nourrit si généreusement*
" *les êtres animés, depuis l'éléphant jusqu' à la*
" *fourmi est éternel et parfait et sa providence ,*
" *mère, ne fera nul défaut.*"

Ayant écouté ce langage, Adi joyeuse s'en alla. Ouppei dans sa première naissance était *Nagavalli* femme chérie de *Pirougou.*—Les trois personnes de la trinité indienne ayant appris sa beauté , prirent d'autres formes , et se rendirent auprès d'elle et lui demandèrent toutes nues l'aumône. Comme elle était une femme chaste, elle les métamorphosa en enfants et les éleva en nourrissant de son lait. Mécontente de ce qu'elles étaient venues l'éprouver, elle leur dit de renaître trois fois. Celles-ci furieuses de ce que, sans les respecter, elles les avait rendues enfants, et leur avait enjoint de naître sous trois formes, elles partirent en disant en colère " *de belle tu deviendras vilaine.* " Ensuite *Pirougou* s'étant aperçu de la figure changée de sa femme lui dit : " *Tu renaîtras sur la terre* "— conformément à l'ordre de son époux elle prit la forme d'Ouppei, fût élevée par les blanchisseurs, et dans ce pays, elle est vénérée par tous sous le nom de *Mariammen.*

(ADIGAMANE.)

Ensuite les deux personnes arrivèrent au pays de Soja et cohabitèrent dans un bocage à *Carouvour.* Alors naquit *Adigamane.* Au moment où la mère s'éloignait inquiète, se demandant qui aurait soin de l'enfant délaissé, celui-ci parla ainsi:

(*Venba*)

" *Le dieu qui nourrit et fait vivre le germe*
" *dans l'œuf, le crapaud sous la pierre, s'abstien-*

" *dra-t-il de nourrir l'enfant qu'il fait naître ?*
" *Pourquoi donc, mère, t'attrister, va et réjouis-toi ?*"

Ayant écouté ce langage, elle s'en alla toute contente. *Seramane* prit cet enfant et l'éleva. Il apprit l'art militaire, la loi et autres sciences et fût couronné roi. Il fit des présents à *Panapattirars* sur une lettre adressée par *Socanadar*, chanta un poëme intitulé *Ponevannattandâdi*, le fit publier à *Sidambarom*, y régna, obtint l'amitié de *Soundiramourti* et lorsque ce dernier alla à Kaïlai, il s'y rendit de suite et là, il chanta son livre *Adiyoula* et vécut avec la faveur de Siva.

(OUROUVEYE.)

Les deux époux arrivèrent au pays de *Câvirip-poumpattinom* et cohabitèrent dans une chauderie. Là naquit Ourouveye. Au moment où la mère se séparait inquiète, se demandant qui soignerait l'enfant ainsi abandonné, celui-ci parla ainsi :

(*Venba*)

" *Le fœtus reçoit la vie de la nourriture prise*
" *par la mère; donc il n'est pas étonnant que les*
" *corps animés, respirant l'air, puissent vivre par la*

" *vigilance d'arane (Siva). Rassures-toi, mère, par*
" *la réalité et l'immuabilité du dieu.*"

Ayant écouté ce langage, la mère contente se retira. Puis des débitants du callou prirent l'enfant et l'élevèrent. Devenue *Patracaly*, elle tua *Tarouganc*, perdit la bataille livrée à *Tirouvalomkadou* avec *Sabanayagar* et s'y fixa, en se mariant avec la fille de *Agoravirapattirar*.

(KABILAR)

Cependant les époux parvinrent à la ville de *Tirouvarour* et ayant cohabité ce jour dans le mandabom, Kabilar y naquit. Lorsque la mère triste se séparait de l'enfant se demandant qui daignerait l'élever, il parla ainsi:

(*Venba*)

" *L'époux de Parvadi qui nourrit le crapaud*
" *sous la pierre noire dans une forêt impénétrable,*
" *ne manquera pas de nous nourrir et n'a point*
" *d'autres fonctions plus importantes que celle-là ?* "

Ayant écouté ce langage, elle se retira contente. Un brâme connu sous le nom de Pappayen qui n'avait pas de postérité, prit cet enfant et l'éleva. Lorsqu'il se disposait à lui faire, à l'âge de sept ans, la cérémonie dite *Oubanayanome* (investiture du cordon sacré), tous les brãmes s'y étant refusés, Kabilar leur adressa un chant *Agaval* et soutint que toute caste ne vient pas de l'origine, mais de la conduite. Les brâmes ne pouvant y donner aucune réponse, reconnurent que telle était la loi et terminèrent toutes les cérémonies. Ce Kabilar fait encore la pénitence dans le monde inférieur.

(VALLIAMMAI.)

Par suite, Adi et son époux arrivés au pied de la montagne de *Véline* cohabitèrent et cette nuit naquit Valliammai. Quand la mère se retirait triste se demandant qui soignerait cette enfant, elle parla ainsi:

(Venba)

" *Celui qui a nourri dans le sein de la mère,*
" *manquera-t-il de continuer ses soins pour l'enfant*
" *qui est né; c'est le dieu qui armé du tonnerre*
" *danse sur l'emplacement des bûchers.* "

Ayant écouté ce langage, Adi, l'esprit rassuré, s'en alla. Les *coravars* élevèrent l'enfant. C'était dans la première naissance *Viboudai*, amante du grand Vichenou. *Koumari* ayant fait pénitence d'après son vœu, devint l'épouse du dieu qui se trouvait à *Tondaimandalom* sur la montagne de Nalli.

(TIROUVALLOUVAR)

Ensuite Adi et son époux cohabitèrent dans le tope d'*Iloupé*, situé au pays de *Mailei*. Là naquit Tirouvallouvar. Au moment où la mère se retirait désolée en pensant que l'enfant délaissé serait sans soin, celui-ci parla ainsi:

(*Venba*)

" *N'y a-t-il pas un dieu qui fait vivre tous les*
" *étres animés? ne suis-je pas un de ces êtres ? Pour-*
" *quoi te plains-tu, mère, de ce qui arrive, puisque*
" *rien n'arrive sans la volonté de Dieu.* "

Adi et son époux ayant entendu ce langage se retirèrent contents pour prendre le bain sacré. Puis l'enfant qui se trouvait sous un arbre Iloupé, planté près du temple de Sivâ, fût par la grâce de Brama,

nourri des goutes du miel tombant des fleurs de cet
arbre. Comme c'était dans l'origine le brâmah, il por-
tait les quatre védas, la chevelure et le cordon sacr é.
Cependant la femme d'un vellaja, *maître* des eaux du
Gangâ se tenait vis-à-vis le temple de Siva, faisant
pénitence pour avoir un enfant. Alors la déesse Ouma,
ayant en compassion d'elle; Prenez, dit-elle, cet enfant né par la grâce du Dieu et donne lui le nom
primitif Tirouvallouvar. Cette femme prit cet enfant,
très satisfaite, s'en alla, et le mit entre les bras de son
mari. Il le prit et ravi de joie il s'enquit du lieu où
elle l'avait trouvé. Ainsi les deux l'élevaient sans lui
faire rien manquer. Leurs parents s'étant moqués de
ce qu'ils élevaient un enfant étranger, ils le placèrent
dans un berceau dans une étable et l'élevèrent ainsi.
Puis Tirouvallouvar ayant attenit l'âge de cinq ans,
s'apercevant que ses père et mère adoptifs étaient
méprisés à cause de lui par tous les parents, s'adressa à eux: " Pourquoi auriez-vous, dit-il, du chagrin à
" cause de moi ? Je me retirerai à un autre endroit,
" n'en soyez pas fachés. " Ceux là lui dirent: n'est-ce
pas, que nous vous considerons comme un dieu venu
pour nous consoler de notre stérilité! Pouvez vous

nous parler ainsi? Naynar leur dit: "Cchaque fois que vous penserez à moi, je viendrai faire tout ce que vous m'ordonnerez", et il se retira sous un palmier, planté tout près. Voyant que ce palmier ne projetait plus aucun ombrage, ils se demandaient : Est-ce un dieu ou un mouni; pourquoi a-t-il pris la forme d'un enfant. Naynar s'adressant à eux leur dit: " Il n'y a ni " pénitence ni miracle, parlez: " en parlant ainsi il quitta cet endroit et se rendit sur la montagne où *Tiroumoulagar, Pôgar* et autres *Sittars* fesaient pénitence, et se joignit à eux. Tiroumoular l'ayant vu, " ô Tirouvallouvar, dit-il, avec respect; au commencement, lorsque Nandi me fit une faveur, vous vous trouviez là, êtes-vous rené ici bas pour faire aux hommes le don de la sagesse et du ciel, pour faire en tamoul l'ouvrage concernant la charité, les biens et la joie. Naynar satisfait s'étant joint à tous ceux qui faisaient pénitence devint savant. A cette époque, à Tondamandalom, un védalom, détruisait les moissons et faisait souffrir toutes sortes de misères aux habitants. Un *Vélalane* appelé *Mârcasagâyen*, qui cultivait avec mille charrues et qui se trouvait à *Cavéripâcom*, publia que celui qui soumettrait ce véda-

Iom, aurait en récompense de nombreux présents, une ville et tout ce qu'il désirerait. Persnne n'a pu y réussir. Puis ce *vélalane* s'adressa aux grands qui se trouvaient sur la montagne occupée [par Tirounoular et autres, ceux-ci lui dirent de se plaindre à Tirouvallouvar. En se prosternant, le Vélalane lui en parla. Alors Tirouvallouvar touché de compassion, voulant satisfaire à la prière du vellaja, vainquit le védalom avec les cendres et les cinq lettres sacrées et sauva tout le monde. Ensuite le vélalane satisfait de la bonté et de la capacité de Naynar, lui offrit une ville et de nombreux présents et forma le projet de lui donner en mariage sa fille Vassougui et se rendit auprès de Naynar. " Je me suis décidé, Seigneur, " dit-il, à vous marler à ma fille, veuillez donc y " consentir " Naynar après avoir réfléchi qu'il fallait enseigner aux gens du monde la pratique de la vertu domestique, répondit que si cette fille préparait le manger avec le sable qu'il lui remettrait, il l'épouserait. Cette fille accepta cette proposition et lui en servit après la préparation. Naynar content l'épousa suivant les règles.

Après être resté quelque temps là bas, il se rendit avec son épouse à *Mayilei*, y pratiqua la vie de famille, embrassa le métier de tisserand qui était un métier innocent, acheta du .fil au marchand *Elêlasingane,* tissa des vêtements et vécut au moyen de son produit.

Puis à une certaine époque dans la forêt de *Tirouvâloncâdou, Pattiracâli* vivait orgueilleusement d'avoir vaincu *Magouden.* Pour rabattre cet orgueil, *Sabânayagar* fit avec elle diverses danses et elle ne fut point vaincue. Puis le seigneur faisant revenir aux oreilles les pendants qui se retiraient, dansa le pied en l'air. Celle-ci ayant eu honte de danser ainsi, perdit le pari. Les dieux s'adressèrent à Sabânayagar et lui demandèrent. " Seigneur, pourquoi avez-vous dansé de cette manière. " Si vous le demandez à Tirouvallouvar de *Tiroumayilei,* répondit-il, vous le saurez. Les deux s'y rendirent et le lui ayant demandé, il fit la réponse suivante :

(*Venba*)

" *Le Bramah, né de la fleur, Indiran et celui*
" *qui a mesuré le monde (Vichénou), peuvent seuls*

3

" *connaître la cause de ce fait, tandisque, moi, pa*
" *vre malheureux qui tisse le fil en le mouillant s*
" *ma langue, j'ignore la danse de celui qui fa*
" *rentrer dans ses oreilles les pendants qui s'*
" *détachent.* "

Par suite leur doute se dissipa. Un jour **Nayn**
se rendit chez Elelasingane pour acheter du fil
s'informa où se trouvait le marchand. On lui répond
qu'il adorait Siva. Il demanda s'il faisait la priè
chez lui ou à *Coumbam*. Son épouse étant rentr
l'en avertit. Elelasingane arrêta le culte de Siva, sort
avec empressement et tomba aux pieds vénérés
Naynar. " Seigneur, dit-il avec respect, je vous pr
incessamment de me retirer de l'illusion du mon
dans laquelle je suis plongé. Naynar pour éprouver
foi et celle de quelques disciples, les mena un jo
dans une forêt où il fit jaillir une rivière; ceux-là
frayés ne voulurent pas quitter le bord où ils
trouvaient. Elelasingane seul s'avançait vers lui
le courant lui fit passage.

Ensuite, **Naynar** lui dit de monter sur un arb
élevé. Elelasingane y obéit. Puis sur son ordre
sans réfléchir il abandonna la branche qu'il ava

saisie et celle sur laquelle il se tenait. Il prit sur ses génoux Elelasingane préservé de tout accident, lui enseigna la sagesse et lui accorda le don de ne jamais être séduit par la beauté des femmes. Après cela, ils se rendirent à leur demeure. Quand ceci eût lieu Assoudarassin règnait dans ce pays. Pendant qu'il conversait un jour avec Elelasingane sur ce qu'il n'avait point de postérité, ce dernier lui dit : " Pour- " quoi ne la demandez-vous pas à votre maître spiri- " tuel? Elelasingane obtempérant à ce vœu, se rendit " le lendemain auprès de Naynar et lui communi- " qua son désir. " Naynar lui promit que son vœu serait exaucé par le dieu. Cependant Paramasivane, sous la forme d'un petit enfant était à pleurer au- près de la queue d'une vache qu'Elelasingane et sa femme visitaient journellement. Les époux se de- mandant quel était cet enfant, le prirent. De suite le lait sortit du sein de cette femme, qui en nourrit l'en- fant et le mena à Naynar, prêtre spirituel. Celui-ci lui donna le nom d'Ajaganandar. Elelasingane se rendit anssitôt auprès du roi Atchouda. J'ai obtenu, dit-il, un fils, par la grâce de Dieu. Si telle est la puissance divine, reprit le roi, j'obtiendrai aussi la même faveur. Pendant qu'ils se parlaient ainsi, cet enfant vint se poser sur les genoux du roi. Celui-ci s'en étant aperçu, c'est bien Ajaganandar dit-il ; et joyeux le serra dans ses bras et le remit à son épouse. Dès qu'elle le reçut, le lait commença à couler de son sein, et elle nourrit l'enfant de son lait. Ainsi élevé miraculeusement, il donna à plusieurs des instruc_ tions spirituelles et vécut célébré par tous. Une autre fois Elelasingane informé qu'un navire touchait terre en avertit le roi. Il n'est rien en mon pouvoir, dit-il, adressez-vous à notre précepteur. Avant qu'Elelasin- gane en instruisit Naynar, celui-ci l'avait appris, fit venir Elelasingane, l'amena avec lui et passa une corde au navire. Comme plusieurs bateliers, après avoir vainement essayé à le faire avancer, enfoncé qu'il était dans le sable et fatigués, ils se reposaient, Naynar s'approcha du dit navire, le toucha avec sa main divine et ordonna de le tirer en disant Elélam; ils obéirent et de suite le navire revint à sa position normale.

Puis voyant à une autre époque que plusieurs mourraient par la famine causée par le défaut de pluie, Naynar s'adressa à son disciple bien aimé Ele- lasingane et lui ordonna de vendre au prix d'un ma-

i racal (ou kourouni) à l'avantage des acheteurs tout
t le nelly qu'il avait ramassé. Il le vendit en observant strictement son ordre. Il entassa tout l'argent
qui en provenait. Le nelly qu'il avait amassé a suffi
pendant sept ans. Puis la pluie tomba, et le monde
obtint un soulagement. Ensuite Naynar l'appela et
lui dit de vendre le nelly avec un bénéfice d'un ma-
racal ou kourouni. Il s'y conforma. Tout le nelly
qu'il avait s'épuisa avant la tombée du jour. Puis
Naynar lui ordonna de fondre tout l'argent qu'il a-
vait gagné, d'en faire un lingot et de le jeter à la
mer. Il fit ainsi, un grand poisson avala ce lingot.
Quelques jours après, ce poisson fut pris dans le filet
des pêcheurs. Lorsqu'ils l'examinèrent ils trouvèrent
dans son ventre une petite colonne recouverte de
vase et de saleté, et le remirent à Elelasingane. Celui-
ci pensant que c'était une pierre, la fit jeter auprès
de son bain. Comme on marchait dessus, toute la sal-
té et la vase qui la couvrait furent enlevées et elle
commença à briller. Comme son nom s'y trouvait
gravé, il reconnut sa propriété et fut enchanté de la
faveur accordée par son Gourou. Pendant que ceci se
passait, Naynar faisait un grand nombre de miracles.
Ajaganandar qui ôta à Elelasingane la douleur d'être

privé d'enfant et quelques savants s'adressant à Tirouvallouvar, lui demandèrent à faire à son nom un
ouvrage (Noûl) facile à apprendre et pouvant condui-
re au bonheur de la terre et du ciel. Naynar après
avoir résumé les sciences, fit un poëme appelé Kou-
rale composé de 1333 distiques et divisé en trois
parties: " *La justice, la fortune,* et *la volupté* ou
l'amour." Puis Ajaganadar et les autres dirent à
Naynar d'aller avec cet ouvrage vaincre les savants
A l'instant Naynar sortit, laissa sa femme dans sa demeure, continua son chemin et arriva au pays de
Idaïkajinâdou où demeurait Idaïkadar. Il rencontra
Aouveye et Idaïkadar. Il leur dit ce qu'il avait à dire.
Idaikadar s'adressant à Naynar: O Seigneur, dit-il, le
dieu a maudi la société des savants en disant qu'elle
sera dissoute par Idaï et Cadaï, c'est à dire, par vous
et par moi. " Tous les deux se rendirent à Madouré
accompagnés d'Aouveyar. Ils se rendirent au temple
du dieu Socalingam, auquel ils rendirent hommage
ainsi qu'à Ammane. Il lut le koural devant l'autel
du dieu, en présence du roi Pandia, ses ministres et
autres hauts fonctionnaires, ainsi qu'en présence
d'*Aouveyar*, d'Idaïcadar et autres savants; ce qui ex-

cita la tristesse, la jalousie dans le cœur des savants et la joie dans le cœur des autres. Tous félicitèrent Naynar. Puis celui-ci entouré d'*Aouveyar,* d'Idaïcadar et des autres se rendit auprès de ces savants assis comme des rois de la langue tamoule sur le banc académique, au milieu de l'étang *Pottâmarei,* lesquels savants avaient trouvé cent fautes dans l'ouvrage intitulé Tiroucovéar, contenant 400 strophes composés par Manicavassagar dit aussi Tirouvadavourar célèbre par sa sagesse, sa pénitence et son éloquence dans le haut tamoul. Ayant trouvé également des fautes dans le poëme intitulé *Congoudére,* composé par Soccalingasamy lui-même aux fins de faire obtenir un trésor à son protégé, le brâme Daroumy, alors que Somasoundiram(Siva)s'était présenté comme poëte malgré que ce dieu se fit connaître par l'œil de son front, ils avaient méprisé et rejeté les poëmes de tant d'autres poëtes. Ces savants possédaient un fond de science et des lettres capables de vaincre Agastiar lui-même. Naynar entra au milieu de ces savants. Narquirar et autres, semblable à un tigre dans une bergerie de moutons, à un milan dans une bande de serpents, à un lion dans un troupeau d'éléphants et au feu dans une fourrée de bambous, et confondit leur courage, leur intelligence et leur discussion, en répondant par des chants de haut tamoul à toutes leurs questions oiseuses.

Puis les savants s'adressant à Naynar,ô Vallouva, dirent-ils, avant d'apprécier la valeur du koural par vous chanté, il existe pour nous un doute. Le banc que nous occupons donne la place à tout ouvrage parfait. Ainsi, si ce banc l'accueille, nous l'accueillerons. Naynar s'y conforma et plaça le koural par lui fait sur le banc qui se retrécit aussitôt pour ne laisser la place qu'à cet ouvrage, de sorte que tous les savants tombèrent dans l'étang *Pottamarei*. Tout le monde en fut réjoui. Quelques uns d'entre les assistants disaient que c'était le Véda (la religion) fait par le dieu; d'autres soutenaient que c'étaient les dogmes; d'autres disaient que c'étaient les règles de la sagesse, d'autres le livre sacré, d'autres le Pourana, d'autres la science du plaisir des jeunes gens. Ainsi chacun l'interprêta à sa manière. Les hommes lettrés, les princesses et autres louèrent cet ouvrage en disant que les excellents ouvrages existant en télinga, sanscrit et autres langues ne sauraient égaler un premier chant de la préface du sacré koural, qui fait le bon-

eur des poëtes et qu'il a été chanté par des milliers
'Agastiars venus au monde sous la figure d'un seul;
ue cet ouvrage surpasse les chefs d'œuvre de la lit-
érature; qu'il mesure avec deux pieds le cœur de
ous, de même que Vichenou a mesuré la terre avec
eux pieds; que cet ouvrage est commun aux six sec-
es et applicable à la vie intérieure. Cependant les
oëtes au nombre de quarante neuf qui étaient dans
'étang *Pottâmarei* montèrent sur le bord, célébrèrent
Naynar et le Tiroucoural et firent quarante-neuf
hants qui portent le nom de Tirouvallouvarmâlei
guirlande en louange de Tirouvallouvár.) Cette as-
emblée et le Pandian Oukirapérouvajoudi et autres
merveillés firent de grandes louanges et dirent qu'il
erait mieux que cet ouvrage eût l'approbation d'A-
astiar. Naynar prit congé et se retira sur la monta-
ne Padia où il le fit voir à Agastiar et à d'autres.
Ananda lui-même ne saurait exprimer la joie que ces
erniers en ressentirent. En cet endroit Konganassiter
yant passé, loua Naynar et prit congé de lui. Lors-
ue Naynar se mit en route, il s'arrêtait à toutes les
agodes qu'il n'avait pas rencontrées, lors de son
remier voyage et y faissit son adoration. Il arriva à
iroumaïlaï. Les habitants de cette ville et 'Elelasin-

gane, ayant appris son arrivée allèrent au devant de lui et le conduisirent. Il rentra chez lui et vécut avec sa vertueuse Vassanguy. Cependant un homme vénérable vint à sa demeure. " Seigneur, dit-il, que doit- " on préférer entre la vie de famille et l'état d'ana- " chorète? veuillez le faire savoir à votre serviteur." Naynar ne faisait aucune réponse à ce vieillard, mais il le laissa voir la chose de ses yeux. En effet, un jour, lorsque sa femme était à puiser de l'eau dans un puits il l'appela, et elle qui avait tiré le vase à moitié du puits, le laissa en cette position et vint auprès de son mari; un autre jour, lorsque cette même femme servit du riz froid à Naynar, celui-ci disait: " Ce riz est chaud pour moi " la femme commença à l'éventer. Un autre jour en pleine journée, lorsqu'il était à tisser au soleil il laissa tomber le tube qu'il tenait à la main et pria sa femme d'apporter de la lumière pour le ramasser et elle l'apporta. Le vieillard qui était venu s'éclairer ayant remarqué tous ces faits dit: " la vertu domestique avec une pareille " femme est seule préférable " autrement c'est l'état d'anachorète qu'il faut préférer et il se retira sans rien lui demander.

Lorsque Naynar et sa chaste épouse remplissaient ainsi les devoirs de la vie de famille, Vassanguy prête à mourir regarda Naynar; celui-ci lui demanda ce qu'elle avait à lui dire. Elle lui répondit : " Le " jour que vous m'avez épousé, vous m'avez ordonné " de placer dans un petit vase de l'eau et une ai- " guille; j'ignore à quoi cela était destiné ! Naynar " répliqua, c'est pour prendre le riz qui pouvait se " répandre et le manger après l'avoir nettoyé. " A l'instant elle expira et monta au ciel. Naynar prononça le chant suivant :

(Venba)

" O femme qui aviez soin de préparer le repas " à mon goût; qui n'avez jamais manqué à mes or- " dres,qui me faisiez dormir en me massant les pieds, " et qui aviez l'habitude de dormir après moi et de " vous lever avant moi, je suis tellement sensible de " votre séparation, que je ne saurais comment fermer " les yeux la nuit. "

Ensuite Naynar enterra le corps de sa femme. Naynar ayant vécu encore quelque temps, fit de nombreux miracles et accorda toutes faveurs à Elelasingane et à d'autres disciples. Puis il fit venir Elelasingane et lui dit : " ma fin est proche; après ma

" mort, faites lier mon corps et faites le jeter hors de
" la ville dans une touffe de broussailles. " Cet ordre
donné, il se trouva assoupi comme en extase. Elelasingane ayant cru qu'il était mort, voulut l'enterrer
dans une bière en or. Naynar qui en eût connaissan-
ce, se réveilla, lui dit de ne point manquer à son ordre et mourût ensuite. Elelasingane s'était donc con-
formé aux instructions de Naynar. Les lambeaux de
son corps divin ayant été mangés par des corneilles,
celles-ci devinrent dorées. Les disciples et Elelasingane étonnés de ce miracle, bâtirent un temple à
l'endroit où son corps avait été placé et lui rendirent
leurs hommages.

FIN.